EXPOSITION INTERNATIONALE DE LONDRES

1871

CÉRAMIQUE

PAR

VICTOR DE LUYNES

PARIS

IMPRIMERIE DE J. CLAYE

RUE SAINT-BENOIT

18..

CÉRAMIQUE

CÉRAMIQUE

PAR

VICTOR DE LUYNES

PARIS

IMPRIMERIE DE J. CLAYE

RUE SAINT-BENOIT

1872

CÉRAMIQUE

RAPPORT DE M. VICTOR DE LUYNES

Professeur au Conservatoire des arts et métiers.

POTERIES ORDINAIRES.

Tous les objets dont la fabrication est du domaine des arts céramiques sont essentiellement formés d'une terre plus ou moins plastique dont les propriétés ont été modifiées par l'action du feu.

L'argile appelée vulgairement terre glaise peut être considérée comme le type le plus parfait de la terre plastique. A l'état humide, elle est molle et peut recevoir, à cause de sa plasticité, les formes les plus variées, qu'elle conserve fidèlement lorsqu'elle a été durcie par la dessiccation. Mais vient-on à la mouiller, sa plasticité et sa mollesse reparaissent, et sa forme et ses détails peuvent s'effacer sous l'action de la moindre pression. Des vases ou des figures, fabriqués avec l'argile dans ces conditions-là, ne se prêteraient à aucune application utile.

Mais si l'argile travaillée est soumise à l'action du feu, elle acquiert une dureté et une solidité bien différentes de celles qu'elle possédait après avoir été simplement desséchée ; elle subit par la cuisson des modifications profondes dont la plus importante est la perte complète de sa plasticité ; de telle sorte que cette terre, cuite, réduite en poudre impalpable, et mélangée avec une quantité convenable d'eau, formera une masse semblable à du sable mouillé, n'ayant aucun liant, et complétement dénuée de cette plasticité qui, avant la cuisson, était son caractère le plus saillant.

1

L'argile devient donc, après avoir été cuite, assez duré et assez résistante pour que les formes qu'elle a reçues ne puissent plus être détruites par l'eau, et sous l'action d'une faible pression.

Ainsi transformée par le feu, l'argile constitue la terre cuite proprement dite. Mais, lorsqu'on l'emploie seule, elle est trop grasse et trop plastique pour se prêter à un travail rapide et sûr; de plus, l'eau, se dégageant avec difficulté pendant la cuisson, à travers une masse si liante, produirait, pour se frayer un chemin, des fentes ou fissures qui altéreraient la forme et la solidité de l'objet; c'est pourquoi, à cette argile si grasse on ajoute du sable, du grès, ou de la terre cuite pilée, etc. Ces matières, qui forment ce que l'on appelle le ciment, ou l'élément dégraissant, diminuent la plasticité de la pâte, et rendent son travail plus aisé, en même temps qu'elles facilitent le dégagement de la vapeur d'eau pendant la cuisson.

Dans cet état, la terre cuite est éminemment poreuse; elle peut constituer des matériaux de construction, tels que tuiles, briques, etc., mais elle serait d'un emploi impossible pour les usages domestiques. Les vases en terre cuite sont trop poreux pour contenir des liquides; et, au contact des aliments, ils s'imprègnent de matières organiques qui leur communiquent au bout de peu de temps une odeur des plus repoussantes, qui force à les rejeter.

Faïence ordinaire. — Pour remédier à ces inconvénients, on recouvre la terre d'une couche de matière vitreuse, qui, se répandant sur tout l'objet, substitue un enduit dur et imperméable à la surface tendre et poreuse de la terre. Cet enduit s'appelle en général une glaçure, et, dans presque toutes les poteries, il y a lieu de considérer deux éléments essentiels : le corps du vase et la glaçure.

La nature de la glaçure varie selon la composition de la terre qu'elle doit recouvrir.

Lorsque la terre cuite présente une coloration plus ou moins intense et désagréable, on emploie comme glaçure un verre à base d'étain, blanc et opaque, que l'on appelle l'émail blanc, et qui, tout en détruisant la porosité des surfaces, dissimule par son opacité la couleur du corps de vase.

La poterie ainsi obtenue constitue la faïence ordinaire, ou ancienne faïence; elle est facile à reconnaître; en la brisant, on trouve la terre tendre colorée et poreuse sous la couche d'émail blanc et opaque.

Sa fabrication est très-simple. La pâte crue, composée en général d'argile, de marne argileuse et de sable, pulvérisés et mélangés, est travaillée et placée, après avoir reçu sa forme, dans un four où elle subit une première cuisson. Elle en sort à l'état de biscuit, c'est-à-dire de terre poreuse plus ou moins colorée.

On procède ensuite à la mise en émail; ce dernier, réduit en poudre fine, est mis en suspension dans l'eau ; on obtient ainsi par l'agitation une liqueur laiteuse, dans laquelle on plonge l'objet, si l'on opère par immersion, ou que l'on répand à la surface, si l'on a recours à l'aspersion. Par les deux procédés, le biscuit, en vertu de sa porosité, absorbe une partie de l'eau de la liqueur, ce qui produit à sa surface le dépôt d'une couche d'émail dont l'épaisseur dépend de la durée de l'immersion. La pièce recouverte d'émail est placée dans des étuis en terre émaillés intérieurement, et soumise dans le four à une seconde cuisson qui détermine la fusion de l'émail. On obtient ainsi la faïence émaillée blanche, dont la fabrication ne se fait plus que sur une échelle assez restreinte. Mais cette faïence peut être décorée de différentes manières : soit en remplaçant l'émail blanc par des émaux colorés, opaques ou transparents, appliqués sur toute la surface, ou bien au moyen de pinceaux, en des endroits déterminés par la nature de la décoration; soit en y réalisant de véritables peintures par l'emploi des couleurs vitrifiables.

Dans ce dernier cas, la peinture peut s'effectuer sur émail cuit ou sur émail cru.

Pour peindre sur émail cuit, on délaye la couleur dans un peu d'essence qui facilite son adhérence à l'émail, et l'on compose le sujet comme une peinture à l'huile. La pièce décorée est d'abord légèrement chauffée pour opérer le dégagement de l'essence, et mise ensuite dans un moufle où on l'expose à un feu plus ardent qui produit la fusion des couleurs, et les fixe d'une manière permanente sur l'émail.

La peinture sur émail cru présente plus de difficultés; mais elle donne des résultats bien plus satisfaisants. Ce genre de peinture ne nous paraît pas assez connu du public, et par suite n'est pas assez apprécié. Voilà pourquoi nous croyons utile d'entrer dans quelques détails à ce sujet.

Nous avons dit comment l'émail se déposait sur le biscuit de faïence. Avant sa cuisson, il constitue une poussière blanche, très-fine, et qui adhère très-faiblement à la terre cuite. C'est sur cet émail cru que l'artiste doit tracer son dessin, et déposer sa couleur ; mais on comprend quelles difficultés doit offrir l'instabilité de cette surface sur laquelle le sujet sera composé, quelle sûreté et quelle légèreté de main ce mode de peinture exige chez l'artiste pour qu'il puisse placer sa couleur sans enlever l'émail qui, sous son pinceau, se comporte comme un véritable sable mouvant. La couleur délayée dans un peu d'eau est absorbée par l'émail spongieux, qui en est alors intimement saturé ; les tons obtenus seront donc plus profonds que dans la peinture sur émail cuit, où le colorant ne s'étale qu'à la surface ; mais aussi, chaque trait de pinceau est indélébile, puisqu'un coup donné à faux ne peut être corrigé qu'à la condition d'enlever l'émail. La couleur qui trouve dans cet émail le fondant nécessaire à sa vitrification est employée le plus souvent à l'état d'oxyde ; elle ne possède donc pas, à l'emploi, la nuance que lui donnera la cuisson, et que l'artiste doit connaître à l'avance, ou plutôt deviner, pour arriver à l'effet voulu. Enfin, lorsque l'œuvre du peintre est achevée, la terre revêtue de son émail est placée à nu dans les fours où se cuit la faïence, et exposée au grand feu nécessaire à la cuisson de l'émail. Peu de couleurs résistent à ce grand feu, de sorte que le peintre sur émail cru ne dispose pas d'une riche palette, pour produire le plus d'effets possible.

Pendant la cuisson, l'émail fond ; en se combinant avec les oxydes, il développe les tons et les nuances désirés, et le travail se trouve alors accompli. En échange des obstacles à vaincre, cette peinture présente des avantages qui donnent aux poteries qu'elle recouvre une valeur artistique exceptionnelle. D'abord, par suite de la manière dont la couleur est absorbée par l'émail, la quantité de matière colorante déposée est plus considérable, et la coloration qui en résulte plus intense, à cause de sa profondeur. La couleur fondue avec l'émail fait corps d'une manière plus intime avec lui. Les traits moins secs, avec des tons plus chauds, se détachent sur le fond gras et velouté de l'émail, et offrent à l'œil un ensemble dont la suavité le charme ; la couleur, existant à la surface comme au fond de l'émail, s'aperçoit également sous toutes les incidences, et ne présente pas, malgré la finesse de son glacé, le miroitage désagréable des peintures sous vernis transparent. Enfin, à ces qualités s'ajoute la solidité de la faïence, qui assure à l'œuvre une durée indéfinie.

Tel est le genre de peinture appliqué à la décoration des vieilles poteries de Nürnberg, d'Italie, de Delft, de Rouen, de Nevers, etc., que l'on admire dans nos musées et dans les riches collections, et dont le prix n'a pas de limites pour les vrais amateurs.

Longtemps oublié, ce genre de peinture a été restauré en France par M. Pinart.

M. Hippolyte Pinart a abandonné, vers 1855, la peinture à l'huile qu'il cultivait avec talent et succès pour se livrer tout entier à la décoration artistique de la faïence. Élevé dans une faïencerie de Lille, où il exerçait un modeste emploi, il fut distingué par un de ses chefs qui, frappé de ses dispositions, conseilla de le placer dans les ateliers de décoration. Ce fut là qu'il se forma, et surtout qu'il s'initia comme par instinct aux détails du genre de peinture sur faïence qu'il devait illustrer plus tard.

En étudiant avec soin les effets produits par la décoration des vieilles faïences, il ne tarda pas à comprendre que la peinture sur émail cru pouvait seule conduire à des résultats semblables pour la transparence des couleurs et l'harmonie des tons.

Un jour que M. Riocreux, le savant conservateur du musée de Sèvres, lui faisait remarquer les défauts d'un émail recouvert d'une riche peinture : « Ce n'est pas étonnant, répondit-il ; l'émail cuit avec la couleur, et le défaut s'est produit après la peinture. » Ce genre de défaut est même, suivant M. Pinart, le meilleur moyen mécanique de reconnaître la vraie nature du décor.

Ce qui caractérise les œuvres de M. Pinart, c'est l'habileté avec laquelle il conserve la forme, malgré la difficulté qu'on éprouve à déposer la couleur qui, trop liquide, fait tache, et, trop épaisse, ne pénètre pas dans l'émail.

M. Pinart prépare lui-même ses couleurs ; et, grâce à ses connaissances céramiques, il est arrivé à se constituer, après un grand nombre d'essais, une palette relativement assez riche ; il fabriquait aussi ses pinceaux avec les poils qu'il allait, au marché de Lille, arracher de l'oreille des vaches. Les peines et les travaux de sa longue carrière sont aujourd'hui récompensés par l'estime spéciale qui s'attache à ses œuvres, et par le haut prix qu'elles atteignent.

M. Pinart, très-remarqué dans toutes nos expositions, et qui a abordé tous les genres, n'a pu rien envoyer à Londres cette année. La liste de ses œuvres a été publiée [1]. Les dernières qui représentent la *Fuite en Égypte* et un paysage d'après Claude Lorrain appartiennent à M. Bailly. Mais nous avons cru devoir donner ces détails sur l'origine de ce genre de décoration, le seul qui constitue la faïence véritablement artistique.

M. Michel Bouquet a exposé dans une des galeries latérales de l'annexe française cinq belles plaques qui permettent d'apprécier son talent de paysagiste, en même temps qu'elles témoignent chez lui d'une rare habileté à réaliser sur émail cru les effets dont l'heureuse variété se faisait remarquer dans ses paysages.

M. Bouquet qui, sous le rapport artistique, s'est chargé de repré-

____
1. M. Demmin, *Guide de l'amateur.*

senter à Londres la peinture sur émail cru, a cultivé pendant longtemps d'une manière distinguée la marine et le paysage, à l'huile et au pastel. C'est vers 1862 qu'il s'est mis à peindre sur émail cru, en conservant ses genres favoris. Il a eu la hardiesse d'essayer, ce que nul artiste n'avait osé tenter avant lui, de donner au paysage un caractère de réalité vivante. Les Italiens, les Castelli, ont bien fait de jolis paysages, mais c'était purement décoratif, et très-loin de la réalité. M. Bouquet est réaliste, et, avec son goût éclairé, il sait choisir ses sujets et ses effets. Ce n'est pas qu'il évite les difficultés ; il paraît au contraire les rechercher dans ses marines et dans ses paysages, où tous les tons doivent avoir leur valeur atmosphérique, où tous les détails doivent être légers et délicats. Avec ses couleurs et ses oxydes dont la véritable nuance ne se développe qu'au feu, il sait deviner ses tons et les atteindre avec une rare précision. Il évite les lourdeurs de la gouache en n'employant jamais de blanc, et en réservant le champ sur lequel il peint.

Les *Barques sur le lac de Genève*, borné par la fuyante perspective des montagnes ; les *Bords de rivière*, avec la coloration verdâtre de l'eau ; le *Marais en Bretagne*, avec ses arbres à feuilles jaunissantes, et cette végétation qui couvre à peine un terrain si gras et si glissant ; cette *Vue de Hollande*, dont l'eau verte et agitée paraît si profonde ; enfin le *Moulin des Roches*, avec son ciel tourmenté, et cette atmosphère dont la transparence, qui permet de voir au loin les objets avec tant de netteté, est l'indice d'une pluie prochaine ; toutes ces plaques sont des œuvres de premier ordre, exécutées largement, avec une grande légèreté de main, une vigueur et une variété de coloris remarquables. M. Michel Bouquet a noblement soutenu l'honneur de l'art français et de la peinture sur émail cru.

Exclusivement artistique lorsqu'elle sort des mains de M. Bouquet, la faïence stannifère nous est offerte sous le rapport industriel par la fabrique de Saint-Clément, avec une variété de formes et de décorations qui font le plus grand honneur à l'activité et à l'intelligence de MM. Thomas et Gallé-Reinemer.

Saint-Clément possède, comme faïencerie, une réputation qui remonte au siècle dernier.

En 1757, le sieur Jacques Chambrette possédait à Lunéville, en Lorraine, une fabrique de faïence fondée en 1731 sous le duc François III, et qui, protégée par le roi Stanislas Leczinski, prospéra si bien que Chambrette lui donna une succursale à Saint-Clément, sous la direction de son fils Charles.

Dans son conseil d'État tenu à Versailles le 3 janvier 1758, Louis XV rendit un arrêt par lequel il autorisait « ledit Chambrette à s'établir à Saint-Clément et à y fonder une manufacture, sous la condition qu'elle marcherait dans un an telle que celle qu'il possède à Lunéville, avec les mêmes avantages et priviléges dont il jouit en Lorraine ».

La nouvelle fabrique n'atteignit tout son développement qu'après la mort de Chambrette père, le 5 février 1763. En effet, la manufacture de Saint-Clément fut licitée entre les sieurs Charles Loyal, gendre de Chambrette, Richard Mique, premier architecte du roi de Pologne, et le fameux Paul Cifflée (Cyflet ou Cyflé), sculpteur.

Sous cette direction, Saint-Clément se fit rapidement une réputation considérable.

Stanislas, dont Lunéville était la résidence favorite, aimait à visiter les deux fabriques de Chambrette, que le peuple lorrain appelle encore les fabriques de Stanislas.

Le duc de Lorraine y fit modeler sa statue, qu'on voit à la bibliothèque de Nancy, ainsi que le buste de Voltaire et la figurine du nain Bébé, en grandeur naturelle.

C'est à cette époque, la plus brillante pour Saint-Clément, que Cyflet produisit ses délicieux modèles et ses groupes si estimés, le *Savetier et le Merle*, le *Berger* couronné et le *Petit Voleur* de pommes. La *Chèvre chérie* est l'œuvre de son fils François. (On peut voir au musée de Sèvres quelques exemplaires de ces groupes réédités dans les anciens moules sur la demande de M. Riocreux.)

Du même temps date une série de médaillons connus sous le nom de terres de Lorraine, représentant les grands hommes de l'époque ou des siècles précédents, surtout les contemporains de Louis XIV: Blaise Pascal, René des Cartes (*sic*), Guillaume Ier, prince d'Orange, Henry de la Tour d'Auvergne, vicomte de Turenne, etc., etc. La fabrication resta florissante sous Louis XVI, et se ralentit sous le Directoire et l'Empire.

Depuis lors jusqu'à 1830, les propriétaires et actionnaires de Saint-Clément renoncèrent aux glorieux souvenirs d'autrefois pour faire de la faïence industrielle qui, sous des formes et des décors moins délicats, n'en resta pas moins la belle faïence du XVIIIᵉ siècle.

Après 1830, l'établissement a pris des proportions beaucoup plus vastes, grâce surtout à l'administration de M. Thomas père. M. Thomas fils, directeur depuis 1847, a ajouté les importantes fabrications du cailloutage, des terres à feu, de la terre de Cologne, etc. Mais, depuis 1863, la faïence étant revenue en faveur, la manufacture est entrée dans une nouvelle voie. M. Gallé-Reinemer a eu l'heureuse idée de rééditer les modèles originaux des styles Louis XV et Louis XVI, en maintenant ses produits dans des prix abordables.

L'exposition de Saint-Clément consiste en faïence stannifère, en terre rougeâtre de Lorraine et en cailloutage.

Nous avons remarqué le service du roi Stanislas, et les assiettes à 72 francs la douzaine, décorés au moufle, avec dorure mate; un autre avec des fleurs variées, à la main, à 45 francs la douzaine; un joli service bleu décoré sur le cru au cobalt; un autre avec des armoiries, de 11 à 15 francs la douzaine, suivant la richesse du blason.

A côté de ces objets se trouvaient un grand nombre de pièces décorées sur émail cru, lampes, jardinières, vases à émaux colorés avec reliefs; imitations persanes, japonaises; mosaïques algériennes noires, bleues, jaunes; miroirs, vierges et statuettes en biscuit; une imitation d'une cruche du prince de Chimay, monochrome bleu avec réserve de biscuit; une jolie encoignure Louis XVI avec un nid d'hirondelle, etc.

Toutes ces pièces sont bien travaillées. Le biscuit est fin, légèrement jaunâtre ou rose, et produit un excellent effet sous l'émail ou dans les réserves.

M. Gallé-Reinemer, à l'obligeance duquel nous devons les renseignements historiques qui précèdent, nous a déclaré que la plupart des pièces étaient décorées dans les campagnes par les habitants du pays, et, en nous montrant une collection où se trouvaient représentées des allégories peintes à la main, il nous fit remarquer celle de l'Alsace qui, figurée par un myosotis lié au poteau germanique, semblait dire : « Ne m'oubliez pas. »

Faïence fine. — Si l'on est obligé de recouvrir la terre colorée de la faïence d'un émail blanc opaque, on comprend que cela n'est plus nécessaire lorsqu'à la pâte grossière qui sert à l'obtenir on substitue des argiles plus pures, et donnant par la cuisson des biscuits blancs ou très-peu colorés.

C'est le cas qui se présente dans l'emploi de certaines argiles, qui, soumises à l'action du feu, deviennent presque incolores. En additionnant ces argiles de silice et de craie, on obtient une pâte blanche, mais poreuse, et qui, pour se prêter aux usages généraux des poteries, exige seulement une glaçure transparente, puisque le corps du vase n'est pas coloré. Cette glaçure transparente s'appelle un vernis.

Ce vernis est généralement un verre plombeux assez fusible. Et la poterie ainsi obtenue constitue un genre appelé autrefois terre de pipe, et aujourd'hui complétement abandonnée. Car son vernis tendre se rayait sous le moindre effort et tressaillait avec la plus grande facilité;

les liquides ou matières grasses pénétraient alors dans le biscuit, qui prenait une odeur repoussante. Enfin des œufs ou d'autres corps sulfurés noircissaient le vernis en sulfurant le plomb qu'il renferme.

On a donc cherché à perfectionner ces poteries.

Le premier résultat fut obtenu par la fabrication de la faïence fine ou cailloutage, dont la pâte, essentiellement composée d'argile plastique et de sable ou de quartz, donne un biscuit plus réfractaire que la terre de pipe, et qu'on recouvre d'un vernis à base de plomb. C'est l'earthenware des Anglais.

Enfin, en introduisant dans la pâte de la faïence fine du kaolin et une petite quantité de feldspath, on obtient un biscuit encore plus dur, dont le vernis, plus dur aussi, renferme une certaine quantité d'acide borique. Cet acide dissout les traces de fer qui existent à la surface du corps de pâte, et augmente la blancheur du produit. Cette poterie, appelée faïence fine dure ou feldspathique, ironstone en Angleterre, est caractérisée par un biscuit blanc très-dense, très-peu poreux et sonore, et dont le vernis dur résiste bien au couteau et peut supporter des changements brusques de température sans tressailler. Elle comprend les variétés connues sous le nom de porcelaine opaque, demi-porcelaine, granit, etc. Elle se travaille bien, se prête à la décoration et permet aussi d'allier à un prix modéré une certaine élégance, ce qui en rend l'usage excessivement répandu.

Cette faïence fine, sous les formes les plus variées, constitue l'exposition de M. Boulenger, de Choisy-le-Roi.

Créée en 1804, sur la rive gauche de la Seine, dans les bâtiments de l'ancien château royal construit par Louis XV, la manufacture de Choisy-le-Roi fut gérée par ses fondateurs, MM. Paillart frères, jusqu'en 1824. A partir de cette époque, cet établissement resta la propriété de MM. Hautin et Boulenger, puis de leurs veuves, qui l'ont cédé en 1861 à M. Hippolyte Boulenger. La production de Choisy-le-Roi était alors de 300,000 francs par an.

C'est à ce moment, quand le traité de commerce ouvrait aux faïences étrangères l'entrée du marché français, que M. Hippolyte Boulenger, jaloux de conserver au pays une fabrique où le travail ne s'était jamais arrêté, en fit l'acquisition. Ce fut un acte de courage ; car l'usine, dont le terrain seul représentait près d'un demi-million, était d'un prix élevé, le matériel se trouvait en mauvais état et devait être complétement renouvelé, et par suite le capital considérablement augmenté.

Sous l'intelligente et énergique direction de son nouveau chef, la production de l'usine a quadruplé de 1861 à 1870, en restant constamment au-dessous des demandes qui s'accroissaient sans cesse, à cause de la qualité, de la beauté et du bon marché relatif de la fabrication.

Pour marcher dans cette voie de progrès, M. Boulenger a dû se rendre complétement indépendant. Il fait tous ses modèles ; il n'emploie que des terres de provenance française ; il prépare ses couleurs. Tout son outillage, machines, fours, modèles, etc., se fabrique à l'usine.

Afin d'obtenir des résultats d'une extension aussi rapide et pour les maintenir, M. Boulenger a dû créer et s'attacher une population ouvrière nouvelle et nombreuse, ce qui n'était pas sans difficultés aux environs de Paris. C'est pourquoi la main-d'œuvre fut augmentée, bien que le produit vendu eût subi une baisse de plus de 15 pour 100 sur le prix de 1662. Les conditions d'existence furent rendues plus faciles pour les ouvriers par l'établissement d'une cantine dont il fournit gratuitement le local, le matériel, le chauffage et l'éclairage. Enfin, depuis 1867, une crèche et un asile, fondés sous le patronage de Mme Boulenger, reçoivent les enfants des ouvrières occupées à l'usine.

Le 1er février 1871, dès qu'il a été possible de sortir de Paris, M. Boulenger s'est installé de nouveau au milieu des ruines de Choisy-le-Roi, avec un certain nombre d'ouvriers en bâtiments, de mécaniciens et autres ; il a pu ouvrir ses ateliers le 30 mars et arracher à la Commune de Paris des ouvriers qui, depuis cette époque, n'ont pas cessé d'y travailler, malgré les incursions et les menaces des fédérés. C'est dans cette période qu'ont été expédiés les objets exposés à Londres, et qui représentent les principaux types de la fabrication de M. Boulenger.

Cette fabrication comprend :

Des assiettes blanches depuis 1 fr. 40 jusqu'à 2 fr. 15 la douzaine ; des assiettes à sujets imprimés à 2 fr. 80 la douzaine ; des plats ronds et ovales de 15 à 20 centimes, et tout un assortiment de bols de 11 à 16 centimes ; coquetiers, 4 centimes ; cuvettes, 50 centimes ; et tous produits du même genre, remarquables par leur blancheur, leur dureté et l'extrême modicité du prix. Quelques pièces décorées et d'un prix beaucoup plus élevé, entre autres un plateau représentant les sept péchés capitaux, montrent que M. Boulenger pourrait aborder avec succès une fabrication plus élevée que celle des objets courants que nous venons de mentionner. Une partie de l'usine de M. Boulenger a été incendiée pendant le siége de Paris. Des piles considérables d'assiettes ont été soudées par le feu ; mais un grand nombre d'assiettes seulement noircies par la flamme, et qui sont restées exposées au froid pendant le reste de l'hiver, ont été retrouvées intactes, sans que le vernis ait subi aucune tressaillure. Peu de poteries auraient résisté à pareille épreuve, ce qui vient à l'appui de ce que nous disions au sujet de la qualité excellente de la faïence de Choisy-le-Roi. En faisant sortir de ses ruines les produits qu'il a envoyés à Londres, M. Boulenger a fait un acte de véritable patriotisme.

L'exposition de MM. Geoffroy et Cⁱᵉ, de Gien, achève de représenter, avec la précédente, la faïence fine industrielle. Fondée par l'Anglais Hall, le même qui créa l'usine de Montereau, la faïencerie de Gien vient d'entrer dans une nouvelle voie de fabrication. Sous la direction actuelle, tout l'établissement a été changé. Les vieux bâtiments ont été démolis et remplacés par des halles immenses, sous lesquelles s'exécutent toutes les opérations relatives au travail des pâtes. De nouveaux fours sont en construction, et, malgré le développement du materiel, la fabrication reste constamment au-dessous des demandes. Gien fabrique non-seulement la faïence fine ordinaire, platerie et service pour les usages domestiques, la faïencerie produit encore sur une assez grande échelle des pièces décoratives d'un cachet spécial, et qui lui ont valu une notoriété bien méritée. Nous citerons principalement ses pièces très-réussies en imitation de vieux Rouen, Moustiers, etc.; plats, jardinières, cachepots, vases de jardins, imitations persanes, japonaises, hollandaises, etc., etc., qui sont tellement recherchées que MM. Geoffroy ont été obligés d'en établir un dépôt à Londres.

Ce sont ces produits qui formaient presque toute l'exposition de Gien à Londres; et la faveur dont ils jouissent prouve le bonheur avec lequel MM. Geoffroy exploitent ce genre de fabrication, pour lequel M. Longuet leur apporte une utile collaboration.

Porcelaine dure. — La porcelaine dure française n'est pas représentée à Londres[1]; on en trouve seulement quelques échantillons parmi les pièces décorées de M. Rousseau. Cette poterie occupe au contraire une place importante parmi quelques expositions étrangères. Nous croyons donc utile de la définir en quelques mots.

Elle se distingue de toutes les poteries précédentes qui sont opaques, par la finesse de sa pâte, sa dureté et surtout par sa translucidité qui est son caractère saillant. De plus, sa glaçure, nommée couverte, est terreuse et dure.

---

1. Mues par un sentiment élevé de patriotisme, nos manufactures du Limousin et du Berry avaient fait à la hâte leurs préparatifs pour aller à Londres représenter la grande industrie de leur pays. Mais leurs efforts se sont trouvés inutiles devant l'impossibilité d'expédier par les chemins de fer dont les lignes étaient interceptées. Nous citerons MM. Hache et Pepin Le Halleur, de Vierzon; MM. Alluaud frères, Labesse, Gibus, de Limoges, etc.

M. Vieillard, de Bordeaux, avait été arrêté par les mêmes motifs.

La pâte est composée de deux éléments : le premier, argileux, infusible, est le kaolin ; le second, maigre et fusible, est le feldspath. Par l'association de ces deux éléments, additionnés quelquefois d'une petite quantité d'autres matières siliceuses ou calcaires, on obtient la pâte à porcelaine qui, quoique plus courte que la pâte à faïence, est néanmoins assez plastique pour se travailler au tour et à la main.

La pâte façonnée et séchée subit une première cuisson partielle dans la partie supérieure et la moins chaude des fours à porcelaine.

On obtient ainsi la porcelaine dégourdie, remarquable par sa porosité et son extrême fragilité.

On procède alors à la mise en couverte. Le mélange qui la constitue (feldspath et quartz), réduit en poudre impalpable, est mis en suspension dans l'eau. C'est dans la liqueur laiteuse ainsi préparée qu'on trempe chaque pièce dégourdie. L'eau est absorbée, comme dans la mise en émail de la faïence, et la couverte se dépose. Mais ici l'opération est plus délicate, car la couverte doit avoir partout une épaisseur uniforme avant la cuisson ; il faut donc que l'ouvrier chargé de ce soin ait la précaution d'immerger la pièce de telle sorte que chaque portion reste plongée le même temps dans le bain.

Les pièces mises en couverte et desséchées sont ensuite encastées, c'est-à-dire mises une à une dans des étuis ou cazettes en terre réfractaire sur des supports convenables ; après quoi, on les place dans le four.

Le four se compose de deux parties : la partie inférieure qu'on remplit avec les cazettes et où se fait la cuisson ; la partie supérieure ou globe, et qui est séparée de la partie inférieure par une voûte ouverte au centre ; c'est là, où la température est moins élevée, que se produit le dégourdi.

Ce qui distingue encore la porcelaine des poteries précédentes, c'est que la cuisson de la pâte se fait en même temps que celle de la couverte.

La cuisson dure de 38 à 60 heures et quelquefois plus, suivant la dimension des fours et l'importance des pièces à cuire. Comme la porcelaine se ramollit au moment de sa cuisson, il est important de surveiller le feu, de manière à ne pas dépasser la température voulue ; sans cette précaution la porcelaine se ramollirait au point de se déformer. L'on y parvient au moyen de montres, c'est-à-dire d'objets de même nature que ceux que l'on cuit et que l'on retire de temps en temps du feu, pour apprécier la marche de la cuisson.

Lorsque la porcelaine est bien cuite, elle possède cette translucidité et cette dureté qui la rendent, pour l'usage, supérieure à toutes les autres poteries; mais, précisément à cause de la fusion partielle qu'elle subit au moment de la cuisson, elle est sujette à se déformer. Les pressions inégales exercées sur la pâte pendant le travail reparaissent au feu; des soufflures, des fentes et un grand nombre d'autres accidents se produisent pendant la cuisson, de sorte que, outre le prix élevé des matières premières et de la main-d'œuvre, la porcelaine arrive à une valeur encore plus grande, à cause des déchets qui se produisent forcément pendant sa fabrication.

GRÈS. — Certaines terres naturelles, convenablement travaillées, peuvent, lorsqu'on les soumet à une température suffisamment élevée, subir une fusion partielle, qui donne au corps du vase l'aspect vitreux en même temps qu'une grande dureté. Seulement ces terres, généralement colorées, sont opaques après la cuisson; ces poteries, désignées sous le nom de grès cérames ou grès communs, sont caractérisées par leur dureté et leur cassure vitreuse. Ces grès reçoivent quelquefois une couverte; le plus souvent, c'est en projetant du sel marin dans le four à la fin de la cuisson qu'on détermine, aux dépens des éléments du sel marin et de l'eau, la formation d'un silicate alcalin, qui forme un vernis à la surface du vase.

Les grès fins blancs ou colorés présentent une composition complétement différente de celle des grès communs. On peut les considérer en quelque sorte comme de la faïence fine, à laquelle on aurait ajouté une certaine quantité de feldspath, de manière à augmenter la proportion de l'élément fusible. On obtient ainsi des poteries opaques à grains très-fins, colorées ou incolores, suivant la composition de la pâte, tantôt sans glaçure, tantôt recouverte d'un vernis très-mince, généralement plombifère.

PORCELAINE TENDRE. — Quant à la porcelaine tendre dont nous dirons quelques mots à propos des expositions étrangères, elle renferme, sauf les proportions qui varient, les mêmes éléments que le verre à glace. Ces matières, broyées et calcinées, donnent une masse agrégée nommée fritte, qui sert à constituer la pâte. La pâte n'est pas plastique, elle se moule et se tournasse à sec. Elle subit une première cuisson et se transforme en une matière dure, fine, dense, translucide et d'une texture presque vitreuse. Le biscuit obtenu n'est pas poreux; on le recouvre avec un vernis qu'on peut considérer comme du cristal, c'est-à-dire verre à base de plomb, et on lui fait subir, comme pour la faïence fine, une seconde cuisson à une température un peu moins élevée que pour le biscuit. Le vernis est plus dur que celui de la faïence fine, et plus tendre que celui de la porcelaine dure. Par sa nature chimique et sa fusibilité, ce vernis se prête beaucoup mieux que la couverte de la porcelaine dure à la peinture et à la décoration. Il prend mieux les couleurs qui, faisant corps avec lui, sont plus douces et plus profondes ; enfin il le développe et permet d'obtenir des roses, des bleus, etc., qu'on n'obtient pas sur la porcelaine dure.

Cette porcelaine tendre, qu'on fabriquait originairement à Sèvres vers 1760, constitue ce qu'on nomme le vieux Sèvres. La richesse de sa décoration, l'éclat des couleurs et la rareté des pièces authentiques lui donnent aujourd'hui un prix sans limites. M. du Sommerard nous montrait à Londres, dans un écrin, une tasse avec soucoupe qui avait été payée 3,500 francs, et M. Bapterosses nous faisait voir dernièrement à Briare une tasse beaucoup plus simple avec sa soucoupe et dont M. Wedgwood lui avait offert 1,500 francs.

POTERIES DÉCORATIVES.

Les Arabes, auxquels on doit la faïence stannifère, la transportèrent dans les contrées qu'ils occupèrent successivement, et notamment en Espagne, d'où, par l'intervention d'ouvriers venus de ce pays, elle passa en Italie vers le commencement du xve siècle. Le nom de majoliques, sous lequel on désigna en Italie presque généralement cette faïence, provient d'une corruption de Majorica, etc., Mayorque. La *Terra Invetriata* de Lucca della Robbia, les produits de Pesaro, d'Urbino, devinrent bientôt célèbres.

Le goût de ces poteries se répandit en Allemagne, en Hollande et en France, où leur fabrication devait être retrouvée et illustrée par Bernard Palissy vers 1545, époque à laquelle, dans notre pays, les procédés pour fabriquer la majolique étaient perdus ou complétement ignorés.

Nurnberg (ou Nuremberg), Delft, Rouen, Nevers, etc., devinrent des centres importants jusqu'à la fin du xviiie siècle.

La faveur publique commença à quitter la faïence décorée vers le commencement du xvie siècle (1508), date de l'introduction de la porcelaine en Europe par les Portugais. La blancheur, la translucidité et la solidité, jointes à l'éclat des émaux et de la décoration qu'on rencontre dans les poteries orientales, leur créèrent bientôt une vogue qui fut une rude concurrence pour la fabrication de la faïence. Cette dernière fut négligée et devint bientôt plus grossière. La porcelaine tendre et la porcelaine dure, découverte en Allemagne, puis en France, attirèrent toute l'attention publique qui se fixa exclusivement sur elles pendant de longues années.

Mais, depuis quelque temps, la mode a changé, le goût s'est épuré; la vue de nos musées qui se sont enrichis, des collections qui se sont formées, ont ramené l'attention sur la faïence. On a compris toutes les ressources qu'elle offrait pour la décoration. Les artistes les plus distingués, nos potiers les plus habiles ont tenté d'imiter les formes originales et les couleurs harmonieuses des faïences orientales. Ils ont voyagé, cherché, travaillé; ils ont trouvé et ils trouvent tous les jours. La décoration de nos appartements, la construction de nos maisons se prêtent à l'emploi de ces poteries, et la faveur avec laquelle on les recherche promet un nouvel aliment à notre industrie, en même temps qu'elle donne un nouvel essor au développement de l'art en France.

Nous signalerons en première ligne l'exposition des faïences de M. Théodore Deck.

C'est en 1841 que M. Deck commença à s'occuper de céramique. Après avoir voyagé en Allemagne et en Hongrie, de 1844 à 1847, M. Deck fut, en 1851, chargé de diriger la nouvelle maison de Mme Dumas qui acquit bientôt une réputation méritée dans la fabrication des poêles en faïence, et qui reçut une médaille à l'Exposition universelle de 1855.

C'est à cette exposition qu'en examinant les produits céramiques anglais M. Deck conçut l'idée de créer en France une poterie artistique qui nous faisait complétement défaut.

Il fit paraître le résultat de sa première fabrication en 1858. C'était une poterie par voie d'incrustation de pâtes colorées, à l'imitation des faïences dites de Henri II. Au milieu de la salle officielle figurait un grand vase, copie de celui de l'Alhambra, exécuté dans ce genre, daté de 1862, et que le musée de Kensington avait acquis en 1865 à une exposition des arts industriels.

En 1859, séduit par les belles couleurs des faïences persanes dont un échantillon ébréché lui était tombé entre les mains, M. Deck comprit qu'il y avait là pour nous un genre de fabrication tout nouveau.

A partir de ce moment, il consacra tout son temps et tous ses soins à la découverte de procédés qui lui permissent d'imiter cette belle céramique. Ses recherches furent longues et pénibles. Cependant en 1861 il fit paraître ses premiers produits à l'Exposition des arts industriels de Paris, au palais de l'Industrie. Cette tentative lui valut des commandes assez importantes pour lui permettre de continuer et de développer ses travaux.

Ce qu'il rechercha tout d'abord, ce fut ce bleu spécial qu n'existe dans aucune faïence française ou italienne, ce bleu-turquoise qui offre tant de ressources dans la décoration des poteries et dont les Persans et les Chinois ont tiré un si grand parti dans leur céramique architecturale.

Pour arriver à ce résultat, il fut obligé d'abandonner la peinture sur émail stannifère, et de créer des pâtes de composition nouvelle, sur lesquelles il put, avec une peinture sous couverte alcaline, obtenir ce qu'il cherchait. Ses bleus-turquoise qu'aucun fabricant anglais ne possédait furent très-remarqués à l'Exposition de Londres de 1862, ainsi que plusieurs de ses pièces décorées dans le style oriental.

A ce moment M. Deck s'était acquis un rang distingué parmi les faïenciers. Mais la beauté de ses couleurs n'était obtenue qu'aux dépens de la qualité de ses poteries. Ses pièces étaient sujettes à la tressaillure; il fallut surmonter ce nouvel obstacle sans altérer les couleurs obtenues, et c'est à l'Exposition des arts industriels de 1864 que M. Deck montra ses premières pièces non craquelées.

M. Deck a développé depuis ce temps sa fabrication et multiplié ses essais.

Les reliefs appliqués sur des fonds colorés, ses reflets métalliques obtenus en 1869 en collaboration de M. Longuet, la perfection de sa fabrication persane, ainsi que celle de ses bleus-turquoise et de Chine, les reliefs obtenus par le modelé des émaux de peintures sur des fonds de couleurs, tous ces types sont remarquables par la richesse, la franchise et la transparence des couleurs; ils sont une vraie conquête pour l'art national.

M. Deck a pu simplifier assez ses procédés de peinture pour que, sans une grande étude préalable, l'artiste pût manier ses couleurs à son gré, en évitant ces ennuis et ces difficultés qui sont un véritable obstacle à l'inspiration et à l'originalité de la composition.

Parmi les artistes éminents qui, depuis plusieurs années, ont prêté leur concours à M. Deck, nous citerons Mme Escallier, dont le talent sympathique est si apprécié, et dont on a remarqué aussi les charmants tableaux de fleurs, peints à l'huile, exposés dans la galerie du premier étage; ajoutons encore MM. Hamont, Français, Ancker, Ranvier, Ehrmann, Gluck, Legrain, Hirsch, Benner, Schubert et Reiber. Ils ont su concilier leurs qualités artistiques avec les procédés de M. Deck, qui fait exécuter en même temps les autres décorations plus industrielles par des peintres céramistes qu'il a formés et qui travaillent sous sa direction.

Tous les genres de fabrication de M. Deck figuraient à l'Exposition de 1871.

Nous signalerons principalement quelques grands médaillons avec décoration de fleurs et d'oiseaux en relief largement traités par Mme Escallier : quelques autres médaillons et figures allégoriques, et surtout un grand plat (deux Amours s'embrassant), remarquable par sa belle exécution et sa bonne réussite, peints par M. Ranvier; un grand panneau avec glaneuse, ainsi que plusieurs têtes de caractère dus au pinceau de M. Ancker.

M. Gluck, fidèle au genre dans lequel on a pu souvent l'apprécier, a exécuté trois grands panneaux représentant des chasses et des chevaliers du moyen âge.

M. Legrain a fait de charmantes compositions avec des Amours.

Nous avons remarqué une femme mauresque sur un grand médaillon, et des scènes du moyen âge par M. Schubert, de jolis motifs de fleurs et d'oiseaux de M. Benner ; enfin, des vases et des coupes de toutes formes et de toutes dimensions s'ajoutaient aux œuvres d'art que nous venons d'énumérer et témoignaient de la haute importance qui est réservée à la partie artistique dans l'établissement.

Mais le mérite de ces œuvres d'art était rehaussé par la valeur réelle des poteries qu'elles recouvraient.

Des fonds turquoise unis et avec ornements en relief, des décors en relief sur fonds céladon, bleu, jaune, etc. ; des dessins obtenus par incrustation d'émaux de couleurs, dont les différents effets sont réalisés par la superposition de couleurs translucides sur les émaux incrustés tels que des décorations noires sur fond turquoise, etc., des plats et vases à décorations persane et japonaise, des spécimens de reflets métalliques, ont pu donner l'idée de l'importance et de la variété de la fabrication de M. Deck.

On avait constaté dans les Expositions précédentes les défauts dus au craquelage de quelques-unes de ses pièces ; nous avons été heureux de reconnaître que ce défaut n'existait plus dans ses dernières productions. Nous ne rappelons ce fait que pour mieux faire apprécier le mérite de M. Deck par les difficultés mêmes dont il a su triompher. Nous avons aussi vu à Paris, dans la cour de sa fabrique, une belle décoration monumentale de fontaine, en faïence genre persan, et dont les émaux ont parfaitement résisté aux changements de température provenant de l'action du soleil et de la gelée.

M. Deck a conquis le premier rang dans la fabrication des faïences d'art, et l'impression produite par son exposition sur les visiteurs et amateurs de tous les pays qui sont venus l'admirer et se disputer ses poteries est plus que suffisante pour confirmer la justesse du jugement que nous portons sur lui.

M. **Parvillée** a exposé des spécimens remarquables d'architecture et de décoration orientales. Il s'occupait de recherches dans cette direction, lorsqu'en 1863 il fut chargé par le commissaire impérial Ahmed Sefill Effendi de diriger la restauration des édifices de Brousse, ruinés par un tremblement de terre. Dans son voyage, M. Parvillée put recueillir sur les lieux une collection d'un grand nombre de fragments appartenant à toutes les époques de la fabrication arabe et persane, tant sur pâte blanche que sur terre rouge ordinaire (terre à briques). Depuis cette époque, il a continué ses essais, et des résultats de ses travaux ont déjà figuré aux Expositions de 1867 et 1869.

Dans la cour ou jardin de l'annexe française figure cette année une fontaine turque, décoration en faïence, bien composée et bien exécutée; ainsi que divers morceaux de frises et des plaques de revêtements dans le style oriental. Il serait à désirer que le goût de l'application de la céramique à la décoration architecturale se répandît le plus possible. Essentiellement salubre et solide, dans les conditions où l'on fabrique aujourd'hui, la faïence émaillée contribuerait singulièrement à l'élégance des constructions qu'elle recouvrirait. Avec les compositions que nos artistes savent trouver, avec les colorations brillantes et variées que nos céramistes modernes savent donner à leurs émaux, nos maisons offriraient à tous les regards des modèles harmonieux par le style et la couleur qui vulgariseraient les saines traditions de l'art et du bon goût.

Nous ne pouvons donc qu'approuver et encourager M. Parvillée dans les tentatives heureuses qu'il a faites en 1863 ; nous le félicitons des résultats importants obtenus dans son établissement de Saint-Maur où il est à même de réaliser les pièces les plus considérables comme nombre et comme dimensions.

Nous citerons aussi dans l'exposition de M. Parvillée ses plats en terre, genre persan, et deux grosses potiches. Nous avons surtout remarqué une paire de vases de 45 à 50 centimètres de haut avec sujets japonais sur terre rouge sans engobe ; la décoration obtenue par l'emploi d'émaux opaques colorés avec une grande variété de tons est formée par huit motifs de compositions diverses, persans ou japonais, représentant des oiseaux, des poissons, des fleurs avec feuillage sur fond céladon. Ces différents motifs sont découpés dans un fond bleu-cobalt et encadrés d'or. Ces vases, achetés par M. Power 40 livres sterling, prouvent que M. Parvillée sait aborder la fabrication de la poterie d'art avec autant de succès que celle de la faïence architecturale.

Les produits de MM. Soupireau et Fournier méritent une mention spéciale. Leur établissement, fondé à Paris en 1865, a déjà fourni des faïences décoratives qui ont été remarquées aux Expositions précédentes.

M. Soupireau prépare les pâtes, émaux et couleurs. M. Fournier, qui est un habile sculpteur, compose les dessins et les modèles, et se réserve la partie artistique de la fabrication.

Des vases de formes et de dimensions différentes, jardinières, plats ronds et ovales, plaques décoratives monochromes ou polychromes, décorées sur le cru ou le cuit, constituent leur exposition à Londres. Mais nous devons citer aussi, comme exécutés par la même maison, les frises décoratives du parc des Buttes-Chaumont, le carrelage de l'hôtel Carnavalet, d'autres faïences ornementales placées aux hôtels Menier, de Païva, Lavaissière et Decamps ; enfin les musées de Limoges, de Tours, de Vienne et de Berlin possèdent également des pièces qui prouvent que le talent de M. Fournier a su se faire apprécier en dehors de son centre de fabrication.

M. Édouard Avisseau, en exposant cinq pièces de choix, nous rappelle un nom que son père Charles-Jean Avisseau a rendu cher à tous les amateurs de la faïence d'art.

Né à Tours le 25 décembre 1796, Avisseau père, inspiré par son goût pour la céramique, fit ses premiers essais, à vingt-neuf ans, dans la manufacture de M. le baron de Bezenval à Beaumont-les-Autels (Eure-et-Loir). C'est là que la vue d'un plat de Bernard Palissy fit naître en lui un vif désir d'en fabriquer un semblable. Sans éducation première et par la seule force de sa volonté, il se livra pendant dix-huit ans aux recherches les plus assidues pour arriver au but qu'il poursuivait ; en même temps que pour faire vivre sa famille il modelait des statues qui ont été très-remarquées dans les églises où elles ont été placées.

C'est en 1843 que les premiers objets figuraient à la fenêtre de son humble demeure de la rue Saint-Maurice. Ils attirèrent l'attention d'un employé de la manufacture de Sèvres qui fit l'acquisition d'un plat rustique pour le montrer à M. Brongniart, alors directeur à Sèvres. Celui-ci se le fit céder pour le placer dans le musée de la manufacture. Puis d'autres pièces, étant passées entre les mains de quelques hauts personnages, lui acquirent une réputation qui grandit rapidement et qui lui valut des commandes considérables tant en France qu'à l'étranger.

Nous ne pouvions passer sous silence ces quelques traits de la vie du potier de Tours qui, après vingt années de travail et de sacrifices, retrouva le secret que Bernard Palissy avait emporté dans la tombe, et devint son plus fidèle et son plus habile imitateur.

M. Édouard Avisseau, élève et collaborateur de son père, continue les traditions paternelles. Nous citerons un grand plat avec poissons, fond de pâtes de terres colorées; un rustique à M. le prince de Metternich, avec plantes et bestioles sur le marly, et avec des armoiries en émail sur fond bleu au centre ; enfin, un plat de forme très-allongée avec semis d'algues en léger relief.

Héritier des procédés de son père, M. Avisseau sait imprimer une véritable originalité à ses travaux. Chez lui tout est fait à la main; il ne se sert pas de moule. Tour à tour naturaliste, modeleur, peintre, émailleur et cuiseur, il trouve le temps de composer les sujets qu'il doit ensuite exécuter lui-même. Le talent de son neveu, M. L. Deschamps, lui apporte aussi une utile collaboration. Mobilisé du camp de La Rochelle, M. Édouard Avisseau, s'il n'a eu le temps d'envoyer une collection plus nombreuse de ses produits, ne s'est pas moins montré digne de son pays et du nom que son père a illustré.

La collection que M. Ulysse a envoyée de Blois est peu nombreuse, mais ses pièces portent le caractère d'originalité et de distinction qu'il sait donner à tout ce qui sort de ses mains. Ses procédés de fabrication se rapprochent de ceux qu'on employait en Italie au xvie siècle. Il fait de la vraie faïence stannifère, décorée sur le cru. Il dirige lui-même son atelier composé de neuf personnes ; chaque pièce passe par ses mains et porte un décor spécial dont il ne reste ni calque ni copie ; c'est principalement d'après les modèles italiens de la Renaissance ou les faïences françaises du xviie siècle qu'il se guide.

Un grand plat représentant une ronde de soldats allemands avec un centre et armoiries ; un grand vase avec médaillon et portrait équestre de Henri II, et arabesques, genre italien d'Urbino ; un cachepot avec frise de fleurs, fruits et oiseaux, aussi dans le genre italien ; et enfin une charmante aiguière ronde à anse et à bec, imitation de Rouen, polychrome, prouvent une fois de plus le rang auquel M. Ulysse sait maintenir ses œuvres ; et le n° 9,880 de la dernière, fabriquée depuis l'année 1862, où il a fondé son établissement, constatent la faveur dont jouissent ses produits, qui sont presque toujours demandés et achetés avant d'avoir subi leur dernière cuisson.

M. Brocard a continué avec succès la fabrication des verres émaillés qu'il a créés. C'est à la vue d'échantillons d'anciens verres orientaux qu'il avait eus sous les yeux que M. Brocard eut l'idée de chercher à en faire d'analogues. Dans ce but, il a d'abord composé un verre d'une nature et d'une coloration spéciales, propre à recevoir et à faire ressortir la décoration dont il devait l'orner. Sur ce verre il dépose ses émaux et sa dorure et soumet le tout à la cuisson.

C'est ainsi que sont obtenus ces grands vases orientaux, ces coupes,

ces lampes de mosquées qui formaient son exposition. Indépendamment
de leur valeur artistique, ces pièces doivent une partie de leur prix à la
manière dont elles sont réussies. En effet, cette fabrication est longue et
délicate. Les verres employés par lui sont toujours soufflés et n'ont pas
cette régularité de forme qu'on trouve dans les pièces moulées. Tout le
décor doit donc être appliqué à la main et mis en harmonie avec la forme
du vase. Après le posage des émaux, la cuisson est une opération très-
délicate, qui exige une grande habileté pour être menée à bonne fin sans
déformer le vase qui la supporte. Ce sont toutes ces causes qui font le
mérite et l'originalité des productions de M. Brocard.

M. Rousseau ne fabrique pas lui-même ; mais, artiste et chercheur
éclairé, il a fait exécuter un grand nombre de pièces ou de décors d'après
des modèles qu'il a créés et qui ont tous été d'heureuses innovations. Ses
services en faïence fine de Creil avec les décorations qu'il a inventées ont
obtenu un réel succès, qui en a permis l'exportation en Angleterre, et qui
a valu à M. Rousseau d'être copié par la maison Minton ; ce qui montre
que, décorée avec le goût français, la faïence fine de France pourrait lutter
favorablement avec les produits similaires anglais. A côté de ces services
se trouvaient des peintures sur porcelaine dure, bayadères dansant à la
corde, des peintures pâte sur pâte exécutées d'une manière remarquable,
des décorations très-originales sur porcelaine tendre d'après des compositions japonaises, deux plats en terre cuite vernissée, poissons et plantes
aquatiques, très-bien réussis, enfin d'autres terres cuites, des grès, etc.
M. Rousseau a le rare mérite de savoir concilier les exigences de l'art
avec celles de l'industrie et de livrer ainsi au commerce, dans des conditions avantageuses pour lui et pour les consommateurs, des produits
à la portée de tout le monde et qui servent en même temps à la propa-
gation et au développement du bon goût.

M. Jean avait envoyé une collection de ses faïences décorées sur
émail cuit, dans le genre italien et le vieux Rouen, grands panneaux à
personnages, vases à fonds bleus, pendules, cages à oiseaux et autres
objets analogues d'une fabrication délicate et faits avec l'habileté dont
ce fabricant a donné déjà bien des preuves ; et M. Signoret nous a permis
de constater une fois de plus le bonheur avec lequel il continue l'imitation des anciennes faïences de Rouen et surtout de Nevers, comme on a
pu le remarquer en examinant les jardinières, vases Médicis et objets de
jardins, cachepots, etc., qui formaient son exposition.

Nous ajouterons en terminant que nous avons aussi remarqué des
faïences décorées par MM. Charles et Jules Houry pour l'ameublement,
d'autres par Mme de Callias, et enfin une collection d'animaux féroces

peints par Mme Olmade avec une richesse et une vigueur de coloris remarquables.

M. Brianchon avait réuni une collection de porcelaines et de cristaux représentant tous les effets nacrés et irisés qu'on peut produire sur la terre ou sur le verre avec les compositions dont il est l'inventeur.

FABRICATIONS ACCESSOIRES. — L'exposition de M. Feil, bien que distincte en apparence de celle des produits céramiques, s'y rattache cependant assez pour qu'il ne nous soit pas possible de la passer sous silence.

M. Feil est un chercheur habile et un inventeur heureux ; il sait travailler ses compositions avec un soin et une adresse remarquables, et les hautes récompenses qu'il a obtenues pour les produits de sa fabrication aux dernières Expositions prouvent que ce n'est pas d'aujourd'hui qu'il a su se placer au premier rang dans la fabrication des verres d'optique dont nous avons vu à Londres de si beaux échantillons, et surtout des flints lourds si appréciés et si recherchés en Angleterre.

Mais ce qui, à notre point de vue, nous intéresse le plus dans ses envois, c'est une série d'essais sur des matières vitrifiables, comprenant seize échantillons de matières amorphes ou cristallisées, incolores ou colorées, à base d'alumine de chaux, de magnésie et de silice, avec addition de différents oxydes colorants.

Les résultats obtenus à des températures excessivement élevées par la trempe et le recuit de certains mélanges à base de cuivre ou d'autres métaux sont dignes de toute l'attention des céramistes, qui ont pu y trouver d'utiles indications pour la fabrication de certaines couvertes et de certains émaux.

C'est en travaillant dans cette voie que M. Feil est arrivé à préparer ses pierres précieuses artificielles, si dures et si éclatantes qu'il faut une véritable attention pour ne pas les confondre avec les pierres naturelles dont elles renferment les éléments et dont elles imitent si parfaitement la teinte.

Les visiteurs regardaient avec intérêt et curiosité un riche assortiment de perles de toutes couleurs, mates ou brillantes, nacrées ou dorées, élégamment disposées dans un cadre et sortant de la fabrique de M. Bapterosses, de Briare. A côté d'elles, quelques simples boîtes renfermant de petits boutons de porcelaine, cousus sur des feuilles de carton, paraissaient des objets égarés ou oubliés au milieu des statues, des instruments de musique et des riches poteries qui se trouvaient dans la même galerie. Et cependant ces petits boutons n'étaient pas moins dignes d'attention que les colliers éclatants qui étaient placés au-dessus d'eux ; car ils repré-

sentent une des plus intéressantes conquêtes de notre industrie natio-
nale. L'histoire de ces petits boutons, la voici :

Certaines pâtes céramiques, réduites en poudre fine et soumises à
une forte pression, peuvent s'agglutiner au point de constituer une masse
assez cohérente pour garder la forme du moule dans lequel elles ont été
comprimées.

C'est la méthode employée par les enfants pour faire des pâtés avec
la terre qu'ils pressent dans des gobelets.

Ces pâtes, sous l'action de la chaleur, éprouvent un commencement
de fusion qui en soude toutes les parcelles, et donne à l'objet moulé la
solidité de la porcelaine. C'est sur ce principe qu'est fondée toute la
fabrication des boutons de porcelaine.

Le procédé originaire d'Angleterre consistait à presser la pâte,
presque exclusivement composée de feldspath pulvérisé, dans un moule
qui lui donnait la forme du bouton. La pression était produite par un
balancier. Chaque coup de balancier ne frappait qu'un seul bouton; ce
bouton était placé à la main sur un rondeau en terre cuite; ce rondeau,
avec d'autres, était encasté comme les poteries et introduit dans un four
à porcelaine où il restait pendant toute la durée de la cuisson.

Cette fabrication, qui exigeait une grande dépense de main-d'œuvre
et de combustible, en était là, lorsque M. Bapterosses inventa ses nou-
velles presses et ses procédés automatiques. Les presses de M. Bapterosses,
mues par un seul ouvrier, frappent jusqu'à cinq cents boutons à la fois. Les
boutons moulés sont disposés par la presse elle-même sur une feuille de
papier soutenue sur les bords d'une sorte de raquette en fer. Ce papier,
placé sur une plaque en terre chauffée au rouge, brûle, et les cinq cents
boutons qu'il supportait, déposés ainsi instantanément et sans secousse
sur la plaque, sont introduits dans un moufle chauffé au blanc où ils
restent quelques minutes. La plaque étant retirée, les boutons sont jetés
dans un panier et la fabrication se poursuit ainsi jour et nuit sans inter-
ruption. Chaque fourneau renferme un grand nombre de moufles sur-
veillés par le même ouvrier, de sorte que la main-d'œuvre est aussi
restreinte que possible.

Mais nous ferons mieux comprendre encore le degré de perfection
que M. Bapterosses a réalisé, en passant en revue les différentes phases
de la fabrication de ces boutons.

Ainsi, les matières premières, feldspath et autres, sont d'abord
amenées du lieu d'extraction à l'usine.

Elles sont concassées entre des cylindres, puis porphyrisées sous
des meules.

Après quoi, la pâte est lavée et desséchée.

Elle est ensuite mise sous la presse, moulée et portée au four.

Les boutons cuits sont transportés dans un atelier et on les soumet à un triage.

Puis les boutons sont encartés, c'est-à-dire cousus sur des feuilles de carton, mis en boîte et expédiés.

Après ces opérations multiples, le prix de la masse de boutons, c'est-à-dire la douzaine de grosses ou 1,728 boutons, est de 1 franc, soit 8 centimes et demi la grosse, ou 7/10mes de centime la douzaine !

Primitivement installé à Paris, rue de la Muette, n° 27, c'est vers l'année 1850 que M. Bapterosses a transporté son usine à Briare. Depuis cette époque, son industrie s'est accrue. A la fabrication des boutons blancs, ou décorés à la main ou par impression, en or et en couleurs, il a joint celles des boutons à agrafe et des perles. Grâce à ces développements, M. Bapterosses occupe aujourd'hui à Briare, dans l'usine même, près de 1,500 ouvriers. Tout se fait chez lui, machines, fours, couleurs, impression des cartes, boîtes, etc. Des halles magnifiques, de 120 à 130 mètres de long, abritent les fours ou servent d'ateliers pour les travaux à la main. Le large espace assure à la fois la régularité du travail et le bien-être des ouvriers. La sollicitude de M. Bapterosses se révèle jusque dans les moindres détails matériels de l'organisation du travail. Deux grandes salles d'école pouvant contenir plus de trois cents enfants, pourvues d'un matériel inventé par M. Bapterosses et qui figure à l'Exposition, reçoivent les enfants à des heures réglées de telle sorte que le travail et l'éducation puissent marcher ensemble.

Les villages environnants sont chargés de tout le travail qui n'exige pas la présence à l'usine. Des vieillards, des infirmes trouvent ainsi des moyens de se procurer un salaire, qui, arrivant au village pour n'en jamais sortir, y amène en même temps l'aisance et le bien-être.

M. Bapterosses fabrique environ 6 millions de boutons par jour. Depuis son installation à Briare, il a jeté plus de 20 millions de francs dans le pays qui, pauvre auparavant, a trouvé dans ce centre industriel une source de richesse qui se manifeste à chaque pas. Parti des rangs les plus modestes, il a surmonté par son courage, par son génie inventif et par sa haute probité, et les obstacles qu'on rencontre toujours dans une fabrication qu'on crée, et les difficultés causées par les concurrences; et il est arrivé, dans l'industrie, à la plus haute position qu'il soit permis d'ambitionner.

En présence de ces résultats, l'Angleterre a été obligée de renoncer à la fabrication des boutons. Elle vient les prendre aujourd'hui chez

M. Bapterosses, dont les produits sont aussi recherchés dans toute l'Amérique ; voilà pourquoi nous répétons que les quelques boîtes de boutons de M. Bapterosses doivent être placées au premier rang et parmi les produits les plus intéressants de notre exposition.

Matières premières. — Comme matières premières pouvant être utilisées dans la fabrication des produits céramiques, nous n'avons rencontré que les échantillons de feldspath et de roche kaolinique provenant des mines de Montebras (Creuse).

Ce sable feldspathique agrégé forme une sorte d'amas allongé, orienté nord-est et plongeant d'environ 45° au nord-ouest. Le gîte est encaissé par du granit de dureté moyenne. Au toit entre le sable et le granit, court une veine stannifère de $0^m,60$ à $0^m,90$ de puissance contenant comme gangue de l'étain oxydé, du quartz et du feldspath rosé.

Il présente deux variétés. La variété dure, formant l'échantillon exposé sous le n° 1. est un mélange à grains fins de 70 à 80 pour 100 de feldspath orthose blanc et de 20 à 30 pour 100 de quartz avec quelques petites paillettes de mica blanc.

La variété tendre n° 2 ne diffère de la précédente que par quelques centièmes de kaolin très-blanc disséminés dans la roche. Ce kaolin cuit blanc.

L'élément alcalin, d'après l'analyse faite par M. Moissenet à l'École des mines, s'élève à 5,86 pour 100. La potasse y domine.

L'aménagement de la carrière, dont l'existence est assurée pour de nombreuses années, est disposé de manière à maintenir la roche propre de tout mélange. Dès aujourd'hui 18,000 à 20,000 tonnes sont prêtes pour l'abatage.

Les échantillons n°s 3 et 4 de roches brutes cuites au four et les échantillons de produits manufacturés où la roche est employée soit pour préparer la couverte, soit dans la composition de la pâte, prouvent qu'elle peut être employée avec avantage dans l'industrie céramique.

Comme frais de transport, le coût par tonne de roche transportée de l'aiguille de Montebras est de 7 fr. 50 pour Vierzon, et 6 fr. 15 pour Limoges.

Les navires qui amènent à Bordeaux le kaolin de Cornwall peuvent prendre la roche comme fret de retour le coût par tonne de Montebras ; est de 14 fr. 86 pour Rochefort, et 14 fr. 18 pour Bordeaux.

Les premiers essais faits en 1869 dans les manufactures de porcelaine de Vierzon ont été assez satisfaisants pour que plusieurs fabriques de cette contrée aient employé cette roche comme matière première.

En résumé, l'exposition des produits céramiques réunis dans l'annexe française a été un véritable succès pour notre art et notre industrie.

Les expositions de M. Hippolyte Boulenger, de Choisy-le-Roi, et celles de MM. Gallé-Reinemer et Thomas fils, de Nancy et Saint-Clément, ont prouvé le développement considérable pris par la fabrication de la faïence fine et des autres terres dans ces deux établissements. Les qualités industrielles et artistiques des poteries de Saint-Clément ont frappé tout le monde, et, pour notre part, nous ne pouvons que souhaiter aux directeurs habiles et éclairés de la faïencerie de Lorraine la continuation du succès qu'ils viennent d'obtenir.

De son côté, M. Hippolyte Boulenger a accompli un véritable tour de force en arrivant aux résultats importants qu'il a réalisés dans son usine de Choisy-le-Roi. Les qualités exceptionnelles de la faïence fine ou demi-porcelaine qui sort de chez lui, et l'extrême bon marché auquel il la livre au commerce, sont deux points dont l'existence n'est douteuse pour personne et qui suffisent pour expliquer la vogue toujours croissante dont jouissent ses produits. L'extension inespérée prise par l'usine depuis la direction de M. Boulenger, qui construit toujours de nouveaux fours, lui assure, pour un avenir très-prochain, un des rangs les plus élevés dans la fabrication de la faïence fine en France. Gendre de M. le baron de Geiger, qui a fait prendre à Sarreguemines le premier rang dans l'industrie céramique, et beau-frère de M. Paul de Geiger, actuellement directeur de la fabrique de Sarreguemines, M. Boulenger avait devant lui de grands exemples qu'il s'est montré digne de suivre.

Mais ce qui a donné à notre exposition de céramique une importance exceptionnelle, c'est que, par suite des circonstances dans lesquelles elle a eu lieu, elle était presque exclusivement composée de faïences et poteries décoratives. Or, nous pouvons dire sans exagération que, sur ce point, le succès a dépassé toute espérance. Ce fait est d'autant plus remarquable qu'à la suite d'une année douloureuse pendant laquelle tout travail avait dû cesser, nos faïenciers n'ont pu exposer que les modèles de produits qu'ils avaient chez eux; que rien de spécial n'a pu être préparé pour l'exposition et que la valeur même de ces produits envoyés d'une manière si improvisée à Londres est le signe le plus éclatant du niveau élevé auquel se maintient en France la fabrication des faïences d'art.

Nous avons fait remarquer la place brillante que M. Deck y avait acquise; mais si nous le rappelons encore, c'est pour dire que le succès obtenu n'a pas servi à lui seul et que l'impulsion vigoureuse donnée à son art a provoqué les progrès que chacun a pu constater dans ce genre de fabrication. Le goût des faïences décorées de ces belles peintures ou de ces brillants émaux s'est réveillé partout; chacun veut en posséder maintenant et la consommation s'accroît à chaque instant. Recherchée non-seulement comme poterie, mais appréciée maintenant sous toutes ses formes, la faïence décorée appliquée avec goût à l'architecture ajoute à l'élégance de nos constructions et trouve ainsi une application nouvelle qui deviendra bientôt un débouché précieux pour les produits d'art céramique. Il est clair que, le goût s'épurant par l'usage, le consomma- teur deviendra plus difficile ; mais il n'y a rien à craindre sous ce rapport, et, avec la pléiade d'artistes et de faïenciers qui s'étaient donné rendez- vous à Londres, avec les Parvillée, Avisseau, Ulysse, Rousseau, etc., nous pouvons affirmer, sans crainte de nous tromper, qu'il sera possible de satisfaire à toutes les exigences de l'art et du progrès.

POTERIES ÉTRANGÈRES.

L'exposition des poteries étrangères avait lieu dans une des salles du rez-de-chaussée, et les produits céramiques, tels que terres cuites, matériaux de construction, creusets, etc., étaient placés dans la galerie latérale donnant sur le parc. Dans le jardin situé en regard, de l'autre côté de la salle principale, se trouvaient les machines destinées à la pré- paration et au travail des matières premières employées dans la fabrica- tion des poteries. Tous les genres étaient représentés, depuis la terre cuite la plus grossière jusqu'aux porcelaines les mieux achevées et les plus riches.

Les poteries anglaises étaient nécessairement les plus nombreuses ; et, comme elles occupaient exclusivement la plus grande partie de la salle d'entrée, on éprouvait en y pénétrant une singulière impression à la vue de ces services et de ces vases en porcelaine si uniformes dans leur décoration et si froids dans leur élégance. C'est le goût du correct poussé jusqu'à ses dernières limites, ce qui toutefois n'exclut pas, dans certains cas, la perfection au point de vue de la fabrication.

Les porcelaines anglaises sont toutes des porcelaines tendres, qu'on peut considérer comme faites avec la pâte de la faïence fine, à laquelle on ajoute à peu près 45 pour 100 de phosphate de chaux. Elles reçoivent un vernis plombifère et tendre, et se prêtent à la décoration presque aussi bien que la porcelaine tendre de l'ancien Sèvres. Le bleu-turquoise, si pâle sur la porcelaine dure ; le rose Dubarry, si violacé sur la même pâte, s'appliquent au contraire avec avantage sur la porcelaine anglaise, et formaient la partie principale des fonds dans les produits exposés.

La dorure n'était pas épargnée ; mais, si elle augmente l'éclat d'une pièce sur laquelle elle est appliquée avec discernement, nous ne saurions approuver l'abus qu'on en fait en recouvrant complétement d'or certaines parties d'un vase, anses ou pieds, etc., ce qui ôte à la poterie son véritable caractère, sans produire l'effet qu'on obtiendrait avec une monture en métal.

Mais, ces restrictions faites, il faut reconnaître qu'il y avait dans l'exposition anglaise des produits d'un ordre très-élevé, et dont nous allons signaler les principaux. Après quoi, nous indiquerons celles des poteries étrangères qui nous ont paru les plus dignes de remarque.

L'exposition la plus nombreuse et la plus variée est celle de MM. Minton et Cⁱᵉ. C'est aussi la plus remarquable sous tous les rapports. Fondée en 1788 à Stoke-upon-Trent, dans le Staffordshire, par Minton père, cette manufacture passa successivement entre les mains de son fils, Herbert Minton, et en dernier lieu entre celles de ses neveux, MM. Hollins et Colin Minton Campbell, aujourd'hui seuls propriétaires de la fabrique. En 1848, M. Minton eut la bonne fortune de s'adjoindre M. Léon Arnoux, et il nous sera permis de dire que notre compatriote a contribué pour une part importante à tous les perfectionnements et à tous les développements grâce auxquels cette maison a conquis un rang si élevé dans l'industrie céramique.

Il est presque impossible de rappeler ici les genres si différents qui sortent de la fabrique de MM. Minton et Cⁱᵉ, et dont chacun marque, pour ainsi dire, un progrès dans la fabrication : les cailloutages, la porcelaine tendre, le parian, les majoliques, les imitations de poteries de Della Robbia, celles de Palissy, les mosaïques et les carreaux de différentes espèces, etc.

La porcelaine tendre se présente avec la perfection de travail, la richesse de couleurs et l'élégance de formes auxquelles nous a habitués la maison Minton. Mais, au milieu de ces produits qui n'offrent rien de nouveau comme fabrication, il convient surtout de signaler des pièces plus importantes par leurs dimensions ou leurs modes de décors. Tels sont des vases noirs et céladon avec peintures pâte sur pâte par Solon, représentant, l'un, des Nymphes au milieu d'Amours, l'autre, plus petit, montrant l'Amour pris dans une toile d'araignée; et, dans un autre genre, un grand vase cylindrique avec des oiseaux et des fruits émaillés sur fond turquoise, ainsi qu'un grand nombre d'autres pièces décorées d'une manière analogue, remarquables par leur réussite. Enfin, des cassettes chinoises, des candélabres céladon avec imitation d'ivoire, des sujets chinois par Protat, des assiettes avec dorure sur gravure à l'acide, et une multitude d'autres pièces qu'il serait trop long d'énumérer, attestent par la multiplicité de leurs formes et de leurs couleurs l'infatigable activité de la maison Minton.

Mais la faïence fine est au moins aussi digne d'intérêt ; et, à côté de la platerie où figurent des imitations de dessins de Rousseau, nous avons remarqué huit pièces incrustées avec des terres colorées, dans le genre des faïences dites de Henri II, faïences qui ont été d'abord imitées par Deck, comme le prouve le grand vase acheté par le musée South Kensington en 1865.

D'autres vitrines sont remplies de vases émaillés de différentes couleurs. Mais le principal objectif de la fabrique anglaise a été l'obtention de ce bleu-turquoise dont nous avons à signaler un grand nombre d'échantillons. Certaines pièces sont très-bien venues ; mais toutes ne sont pas réussies. Plusieurs sont craquelées comme celles qui provenaient des premières fabrications de Deck. Nous avons remarqué aussi des vases bleu-turquoise avec dessins noirs paraissant sous émail, et obtenus par les mêmes procédés que ceux créés par Deck, et si cette imitation que la maison anglaise parvient à faire de ses produits décèle chez elle une grande habileté, elle est aussi un éclatant hommage rendu au génie inventif de notre éminent faïencier.

Citons encore des bustes en parian du duc et de la duchesse de Sutherland, le buste de la marquise de Westminster par Carrier-Belleuse, la statuette du docteur Livingstone ; des théières montrant différents spécimens de grès colorés, et une série de ces majoliques dignes de la vieille réputation de Minton, et parmi lesquelles se distinguent encore de jolis modèles de M. Carrier-Belleuse.

MM. Copeland et fils ont exposé les différents produits de leur fabrication ; des services en faïence fine et en porcelaine ; de très-bell. s pièces en porcelaine avec de riches peintures de fleurs dues au talent de M. Hurten ; des majoliques, et enfin une belle collection de figures et statuettes en parian. De grandes pièces telles que la coupe soutenue par quatre femmes assises, et l'aquarium qui se trouvait un peu plus loin, permettent d'apprécier l'habileté avec laquelle MM. Copeland savent préparer et travailler cette belle mais délicate matière.

MM. Wedgwood ont fait sortir de leur célèbre manufacture une collection de tous les types qui ont illustré la fabrication d'Étruria ; de jolis services, des majoliques de dimensions considérables, bien fabriquées, des peintures sur faïence par Lessore ; des terra-cotta auxquelles le contraste des émaux brillants et du fond terne de la pâte donne une certaine originalité ; de grandes figures en terre cuite représentant les mois, dues à un sculpteur anglais, M. Rowland J. Morris ; enfin un assortiment des grès fins et des genres similaires qui ont été créés par Wedgwood, camées blancs sur fonds colorés bleus, gris, noirs, olive, céladon, etc., parmi lesquels des imitations bien faites de vases étrusques et du vase de Portland. Nous ferons seulement remarquer que ce dernier genre paraît aujourd'hui un peu lourd à côté des peintures pâte sur pâte de Solon, et un peu froid au milieu des couleurs éclatantes des faïences modernes.

Nous n'avons rien de particulier à signaler dans les autres expositions anglaises, sauf la fabrique de MM. Simpson et fils, qui méritent une mention spéciale. Ces messieurs fabriquent sur une grande échelle les carreaux artistiques et les mosaïques de tout style pour la décoration intérieure ou extérieure des églises, monuments publics, etc., ainsi que des panneaux ou plaques décoratives comme celles qui se trouvaient dans une de leurs cheminées exposées, ainsi qu'un très-bel escalier en faïence.

Mais ce qui nous a surtout frappé, c'est une collection de petits vases ou bouteilles recouverts de tous les genres d'émaux qu'ils peuvent obtenir. Et, à part les émaux d'une seule couleur, de tons très-riches et très-francs, nous en avons remarqué d'autres jaunes et verts, jaunes et noirs, rose panaché de blanc ou de jaune, et offrant à l'œil un aspect agréable et bizarre, résultant des différentes combinaisons que des matières semi-fluides peuvent produire par un mélange imparfait.

La maison Borney et Cie, de Belleeck, a exposé des services en porcelaine et des statuettes en parian ; tout un service en porcelaine nacrée pour la reine d'Angleterre, bien travaillé, mais pour lequel on a trop abusé de l'emploi de ce genre de décoration.

La manufacture royale de Worcester a exposé des imitations du genre Limoges, des modèles style Louis XVI, des porcelaines à fonds jaunes, rouges, bleus, avec or en relief et perles d'émaux, des céladons avec peinture pâte sur pâte, de grands candélabres à quatre branches avec pied doré imitant l'or massif, des théières découpées comme à Sèvres, etc.

A la suite des expositions d'objets de luxe, de fabrication plus ou moins soignée, que nous ne pouvons mentionner toutes, une des plus intéressantes et des plus importantes est celle de la maison Doulton et Cie, à Lambeth.

Cette exposition comprend toute une collection de matériaux pour la construction et l'ornementation, médaillons, corniches, arcades soutenues par des colonnes, dessus de portes, et autres matériaux de toutes sortes en terre blanche et rouge, avec reliefs, avec ou sans vernis ; urnes, vases, siéges de jardins, ainsi que d'autres objets de plus grande dimension, tels que la statue de Minton et une fontaine avec sujet. Toutes ces pièces sont en terre cuite, parfaitement bien travaillées et bien réussies ;

Ensuite tous les spécimens de creusets en terre, en grès, en plombagine, etc.; plusieurs de ces creusets avaient subi l'épreuve du feu dans la fonte des métaux, ce qui permettait d'apprécier la manière dont ils résistaient à la température de fusion du métal ;

Des tuyaux en terre et tout ce qui se rapporte au drainage ;

Des fourneaux à moufles, des fourneaux d'essai et tous autres objets concernant la chimie ;

De magnifiques appareils en grès pour les opérations industrielles, serpentins, tuyaux, etc.;

Enfin dans la galerie des poteries se trouvait une charmante vitrine où MM. Doulton et Cie avaient réuni des objets plus délicats et plus soignés, en grès ; des bouteilles, des vases, des pots à tabac, des pots à crème, à bière, vernis par places, recouverts partiellement d'émaux bleus en plat ou sur des reliefs.

Tous ces objets étaient d'un prix assez élevé ; mais cette collection montre tout le parti qu'on pourrait tirer, au point de vue artistique, de la fabrication aujourd'hui trop abandonnée de ces vases en grès ; ce n'est du reste pas un essai à faire ; les anciens grès flamands, ce qui nous reste des fabrications de Voisinlieu, montrent ce que l'on a pu obtenir en ce genre, et qu'on dépasserait certainement aujourd'hui. Outre les objets d'art, on pourrait fournir à l'usage domestique des vases salubres, élégants et à bon marché. Enfin, il serait heureux que les anciens procédés de cuisson, aujourd'hui presque exclusivement employés dans les environs de Beauvais, fussent remplacés par des moyens plus économiques et plus rationnels. Le département de l'Oise possède des terres précieuses qui sont employées la plupart à l'état naturel ; en les choisissant et les associant, et en les travaillant convenablement, on pourrait arriver à améliorer et à étendre considérablement cette industrie. Déjà M. Boulenger d'Auneuil est arrivé dans la fabrication de ses carreaux incrustés de différentes couleurs à des résultats très-importants. De son côté, M. Ludovic Pilleux a déjà su réaliser dans sa jolie fabrique de l'Italienne tous ses progrès relatifs au chauffage de ses fours et au travail de ses terres ; et nous ne doutons pas qu'avec son activité et son esprit inventif il ne donne bientôt un élan remarquable à sa fabrication. Il y a de grands progrès à accomplir et de grands résultats à obtenir dans la production des grès en France. Et c'est un point sur lequel nous ne saurions trop appeler l'attention des fabricants dont les établissements se trouvent placés dans des conditions convenables.

Les grès et les terres cuites sont, du reste, largement représentés.

MM. Cliff et son Lambeth ont exposé des creusets de plombagine ayant servi à fondre deux tonnes et demie de métal, et qui se trouvent encore dans de bonnes conditions d'emploi. Nous avons remarqué encore les creusets liégeois faits à la presse par M. Dor, directeur des mines et des usines de Hampien-les-Huy, province de Liége, et une réunion immense de cornues à gaz et matériaux de terre cuite et grès sortant des principales fabriques anglaises, et qu'il serait trop long d'énumérer.

Parmi les poteries étrangères envoyées par les autres pays, nous n'avons constaté rien de bien saillant, ou que nous n'ayons vu dans les expositions antérieures.

Le Danemark avait des statuettes en biscuit ou en terre cuite, et surtout une jolie imitation en porcelaine d'un service de vieux Saxe.

La Suède (Gustafsbergs, Victory, Stockholm) se faisait remarquer par de plus grandes pièces, entre autres un très-beau vase en biscuit de porcelaine à anse, entouré d'une guirlande de fleurs, avec couvercle surmonté d'un joli bouquet. Une très-belle fontaine en parian avec des sujets allégoriques abrités dans le pied, de beaux et grands vases en porcelaine décorée, un grand vase en métal émaillé, etc., complètent cette exposition qui fait honneur à la fabrique suédoise.

Nous devons citer aussi un service corail, ainsi que des assiettes découpées très bien faites, envoyées par la Hongrie ; des assiettes avec photographies imprimées, d'Autriche ; de jolies imitations de Saxe, de Copenhague ; et des assiettes avec dessins par enlevage sur noir de fumée exposées par la Suisse.

L'exposition portugaise se composait exclusivement d'imitations de Bernard Palissy. Quoique n'étant pas de premier ordre, cette fabrication est cependant recommandable par la bonne qualité des émaux et par la franchise de leurs couleurs, ainsi que par le choix des modèles. Comme pièces les mieux réussies, nous nommerons un poisson dans le fond d'un panier, et des taureaux d'après les anciens modèles des Romains.

L'exposition indienne, placée dans une salle spéciale du rez-de-chaussée, renfermait un grand nombre de poteries dignes d'être signalées non pas tant à cause de leur fabrication que pour leur forme et leurs dispositions spéciales. Malgré les bulles nombreuses que présentent leurs émaux, les formes sont si élégantes et si originales que ces poteries ont réellement un certain charme, auquel s'ajoute l'effet singulier produit par des décorations métalliques ou par des réflexions irrégulières, dues à la présence des lames de mica mélangées avec la pâte. Enfin, nous signalerons aussi des carreaux ou grandes plaques blanches ou colorées, à découpures plus ou moins compliquées, et qui pourraient être utilisées dans nos pays pour la clôture des parties basses ou humides des habitations ou autres pièces où l'eau doit pénétrer. On aurait ainsi des fermetures suffisantes, à la fois élégantes et plus propres.

Machines. — Le nombre des machines exposées était fort restreint; et, parmi celles-ci, la plupart étaient déjà connues depuis longtemps, par suite des Expositions précédentes. Nous en donnons cependant la nomenclature pour mémoire, en insistant seulement sur les points les plus intéressants :

La machine à fabriquer les briques d'une manière continue, par Henry Clayton son et Howlett's. Cette machine, qui peut faire 20,000 à 30,000 briques par jour, exige pour fonctionner une machine à vapeur de la force de 16 chevaux; son prix est de 8,250 francs. La même, ne produisant que 15 à 18,000 briques par jour, en employant une force de 12 chevaux, vaut 5,000 francs. Cette machine permet de réaliser dans une seule opération l'écrasage et le malaxage de la terre et la fabrication de la brique;

Un autre appareil des mêmes constructeurs pour fabriquer les carreaux d'ornementation par pression avec la terre sèche et pulvérisée. Dans ce dernier, la pression est produite au moyen d'un balancier;

Enfin, d'autres machines pour fabriquer les briques d'après les différents systèmes connus;

Une machine à faire les briques, de J. D. Pinfold, avec alimentation et coupage automatiques de la terre;

La machine à broyer (Blake's Patent Stone Breaker) qui a déjà figuré à nos Expositions, et qui est employée dans un grand nombre d'usines;

Une machine à faire les briques par moulage, de Pollock et Pollock;

D'autres machines à broyer le silex ou les roches entre des cylindres cannelés, de E. Camrousé;

Un appareil à faire les pipes avec moulage par les procédés ordinaires;

Une machine à faire les mosaïques par pression avec la terre sèche (méthode employée primitivement pour la fabrication des boutons);

Enfin une jolie machine pour broyer les couleurs, par R. Rewley jun., Brook Home Foundry, Uttoxeter. La substance à broyer est placée sur une table en verre circulaire, dont la circonférence est formée par une roue dentée qui reçoit d'un engrenage mû à la main ou à la machine un mouvement de rotation. Sept molettes en verre, mises en marche par la même force, se meuvent sur la table en verre dans la direction que leur imprimerait la main d'un ouvrier. Des ramasseurs fixes, formés par des arcs de cercle métalliques, arrêtent la couleur entraînée par le mouvement circulaire de la table, et la ramènent constamment dans le champ des molettes. L'emploi de cette machine qui fonctionne fort bien réalise donc une économie de temps et d'argent, en même temps qu'elle donne pour le broyage un excellent résultat. Son prix est de 750 francs.

De Luynes.

PARIS. — J. CLAYE IMPRIMEUR, 7, RUE SAINT-BENOIT. — [1088]